westermann

Jana Friedmann, Markus Menzemer

AF733127

Wirtschaft und wir

Arbeitsheft – Kompetenzbereich II

4. Auflage

Bestellnummer 08198

Die in diesem Produkt gemachten Angaben zu Unternehmen (Namen, Internet- und E-Mail-Adressen, Handelsregistereintragungen, Bankverbindungen, Steuer-, Telefon- und Faxnummern und alle weiteren Angaben) sind i. d. R. fiktiv, d. h., sie stehen in keinem Zusammenhang mit einem real existierenden Unternehmen in der dargestellten oder einer ähnlichen Form. Dies gilt auch für alle Kunden, Lieferanten und sonstigen Geschäftspartner der Unternehmen wie z. B. Kreditinstitute, Versicherungsunternehmen und andere Dienstleistungsunternehmen. Ausschließlich zum Zwecke der Authentizität werden die Namen real existierender Unternehmen und z. B. im Fall von Kreditinstituten auch deren IBANs und BICs verwendet.

Zusatzmaterialien zu Wirtschaft und wir: Arbeitsheft – Kompetenzbereich II

Für Lehrerinnen und Lehrer

Lösungen zum Schulbuch: 978-3-427-08222-4
Lösungen zum Schulbuch Download: 978-3-427-08206-4
Lösungen zum Arbeitsheft: 978-3-427-08230-9
Lösungen zum Arbeitsheft Download: 978-3-427-08214-9

Bildquellenverzeichnis

iStockphoto.com, Calgary: Meepian, Natee 4.2.
Kurtz, Cornelia, Boppard: 11.1, 11.2, 11.3, 11.4.
Picture-Alliance GmbH, Frankfurt a.M.: dpa-infografik 42.1.
Shutterstock.com, New York: archerix Titel; Rido 35.1; Stokkete 5.1; wrangler Titel.
Stiftung Warentest, Berlin: © Stiftung Warentest: test 11/2023, www.test.de 46.1; © Stiftung Warentest: test 4/2023 und test 10/2023, www.test.de 25.1.
stock.adobe.com, Dublin: amino2003 32.1; beeboys 4.1; bennetsteiner 4.5; Berkmann, Daniel 6.1; Butch 4.3; contrastwerkstatt 30.1, 30.3; CPN Titel; Elnur 4.4; Liew, Zern 35.3; Nattakorn 5.3; Olena, Yakobchuk 35.2; pogonici 30.2; Popov, Andrey 5.5; Sanders, Gina 5.2, 5.4; sljubisa 6.2; Studio Romantic 12.1, 12.2; sunt 6.3; tournee 13.1.

westermann GRUPPE

Die Seiten dieses Arbeitshefts bestehen zu 100 % aus Altpapier.

Damit tragen wir dazu bei, dass Wald geschützt wird, Ressourcen geschont werden und der Einsatz von Chemikalien reduziert wird. Die Produktion eines Klassensatzes unserer Arbeitshefte aus reinem Altpapier spart durchschnittlich 12 Kilogramm Holz und 178 Liter Wasser, sie vermeidet 7 Kilogramm Abfall und reduziert den Ausstoß von Kohlendioxid im Vergleich zu einem Klassensatz aus Frischfaserpapier. Unser Recyclingpapier ist nach den Richtlinien des Blauen Engels zertifiziert.

Druck und Bindung: Westermann Druck GmbH, Georg-Westermann-Allee 66, 38104 Braunschweig

ISBN 978-3-427-**08198**-2

Vorwort

Liebe Schülerinnen und Schüler,
sehr geehrte Kolleginnen und Kollegen,

mit dem vorliegenden Arbeitsheft lassen sich die Lerninhalte des Schulbuchs „Wirtschaft und wir“ im „Kompetenzbereich II – Wir als Konsumenten im Alltag“ handlungsorientiert erarbeiten. Es ist abgestimmt auf dessen 18. Auflage und nun komplett in zehn Lernsituationen eingeteilt, die der Lebenswirklichkeit und den dabei aufkommenden Fragestellungen beim Einstieg in das Berufsleben entsprechen. Diese decken den kompletten Inhalt des Kompetenzbereichs II ab. Da die zugehörigen Fachinformationen im Schulbuch immer auf den Seiten im Arbeitsheft angegeben werden, können diese Fragestellungen ohne vorherigen Input selbstorganisiert erarbeitet werden. Natürlich sind sie aber auch als Übungsaufgaben oder Lernzielkontrollen einsetzbar.

Die Lernsituationen sind für individualisierte Selbstlernphasen formuliert. Sie können aber problemlos je nach Einsatz im Unterricht auf die gewünschten, neben der Fachkompetenz zu fördernden Kompetenzen angepasst werden. Einerseits ermöglicht das Arbeitsheft den Erwerb wirtschaftlichen Grundwissens anhand von Basisaufgaben. Andererseits bieten weiterführende Aufgaben ein Training von Handlungskompetenz. Ergänzt werden die Lernsituationen durch handlungskompetenzorientierte Prüfungsaufgaben.

Für jedes der drei Ausbildungsjahre liegt ein separates Arbeitsheft vor. Die Lernsituation und das zu bearbeitende Thema werden in der Kopfzeile genannt. Zusätzlich werden wiederkehrende Elemente mit Icons gekennzeichnet, die hier nachfolgend aufgeführt sind.

Jana Friedmann | Markus Menzemer

Symbole

Basisaufgaben

weiterführende Aufgaben

Verweis im Arbeitsheft auf Seiten im Fachbuch

Gesetzestext

Fremdtext

Schreibbild

Inhaltsverzeichnis KB II – Wir als Konsumentinnen und Konsumenten im Alltag

Lernsituation 6 – Fernabsatzverträge und Allgemeine Geschäftsbedingungen 26

Lernsituation 7 – Mit Geld umgehen können 30

Lernsituation 8 – Sparziele unterscheiden und Anlageformen bewerten 38

Lernsituation 9 – Kredite aufnehmen können 40

Lernsituation 10 – Das Risiko der Überschuldung beherrschen 42

Prüfungsaufgaben 46

S. 169

Lernsituation 1: Die grundlegenden Regelungen für das wirtschaftliche Zusammenleben sind in Deutschland im Bürgerlichen Gesetzbuch (BGB) geregelt. Informieren Sie sich auf den oben angegebenen Seiten im Schulbuch und beantworten Sie dann die folgenden Aufgaben, mit deren Hilfe Sie das rechtlich einwandfreie Zustandekommen von Rechtsgeschäften wie Kaufverträgen, Mietverträgen und anderen verstehen lernen.

1. *Wer am Wirtschaftsleben teilnehmen möchte, muss rechtsfähig sein. Rechtsfähig sind Personen. Erstellen Sie mithilfe des Schulbuches eine Übersicht über die Rechtsfähigkeit in Deutschland.*

Rechtsfähigkeit ist die Fähigkeit von Personen, ...
das bedeutet z. B. ....
oder ....

Man unterscheidet

....

Das sind:	Das sind entweder:	oder:

....	....	....
....	....	....
Beginn und Ende der Rechtsfähigkeit	Beginn und Ende der Rechtsfähigkeit:	Beginn und Ende der Rechtsfähigkeit:
Von	Von	Von ....
bis	bis	bis ....

2. *Handelt es sich bei den folgenden Personen jeweils um eine natürliche Person, eine juristische Person des privaten Rechts oder eine juristische Person des öffentlichen Rechts? Kreuzen Sie an.*

Person	Natürliche Person	Juristische Person des privaten Rechts	Juristische Person des öffentlichen Rechts
Das Land Baden-Württemberg			
Der 16-jährige Leo Kaufmann			
Die Weber Bau GmbH			
Der 37-jährige Tim Müller, der an einer andauernden Störung seiner Geistestätigkeit leidet			
Der Rechtsanwalt Kurt Maier			

Um Geschäfte abschließen zu können, reicht die Rechtsfähigkeit allein nicht aus. Man muss außerdem geschäftsfähig sein.

1. *Ergänzen Sie mithilfe des Schulbuches die folgende Übersicht.*

Geschäftsfähigkeit ist die Fähigkeit, ...
.... das bedeutet z. B. .... abzuschließen.

Die Geschäftsfähigkeit natürlicher Personen gliedert sich in drei Stufen:

Juristische Personen sind geschäftsfähig, ...

.... ist, wer .... Jahre alt, oder .... ist.

.... ist, wer schon .... Jahre alt, aber noch nicht .... Jahre alt ist.

.... ist, wer .... Jahre alt ist, bis ....

2. *Sind die folgenden Personen geschäftsunfähig, beschränkt geschäftsfähig oder voll geschäftsfähig? Kreuzen Sie an.*

Person	Geschäftsunfähig	Beschränkt geschäftsfähig	Voll geschäftsfähig
Das Land Baden-Württemberg			
Der 16-jährige Leo Kaufmann			
Die Weber Bau GmbH			
Der 37-jährige Tim Müller, der an einer andauernden Störung seiner Geistestätigkeit leidet			
Der Rechtsanwalt Kurt Maier			
Die 6-jährige Nelli Klein			

Name: .... Klasse: .... Datum: ....

Beurteilen Sie, ob die folgenden Rechtsgeschäfte gültig sind oder nicht. Begründen Sie Ihre Entscheidung.

Rechtsgeschäft	gültig oder ungütig	Begründung
Der 16-jährige Florian bekommt von seinem Patenonkel ein Tablet geschenkt. Seine Eltern sind damit nicht einverstanden.	....	....
Der 10-jährige Ivo kauft sich ohne Einwilligung seiner Eltern ein paar Kopfhörer von seinem Taschengeld.	....	....
Der 6-jährige Harun kauft sich eine Kinderzeitschrift für 2,00 €.	....	....
Die 19-jährige Lea möchte von daheim ausziehen und unterschreibt einen Mietvertrag.	....	....
Der 5-jährige Ben bekommt von seiner Mutter 3,00 €, um ein Brot zu kaufen.	....	....
Der 15-jährige Tom möchte sich einen neuen PC kaufen und vereinbart mit dem Verkäufer eine Ratenzahlung.	....	....
Die 17-jährige Sevil möchte den Ausbildungsbetrieb wechseln und kündigt ihrem Chef, obwohl ihre Eltern dagegen sind.	....	....
Die 9-jährige Lea kauft sich heimlich von ihren Ersparnissen ein neues Fahrrad.	....	....
Weil er von seinen Eltern kein neues Smartphone bekommt, lässt es sich der 13-jährige Luca von seinem Opa schenken.	....	....

 Name: .... Klasse: .... Datum: ....

Wer ein Rechtsgeschäft tätigen möchte, muss seinen Willen erklären. Rechtsgeschäfte entstehen also durch die Abgabe von Willenserklärungen.

Ergänzen Sie das Schaubild.

Willenserklärungen kommen zustande durch

……………………………………… ……………………………………… z. B.: die Bestellung im Restaurant oder ……………………………………… ………………………………………	……………………………………… ……………………………………… z. B.: das Heranwinken eines Taxis oder ……………………………………… ………………………………………	……………………………………… ……………………………………… z. B.: ……………………………………… ……………………………………… ……………………………………… ……………………………………… ………………………………………

Willenserklärungen führen zu **Rechtsgeschäften**. Man unterscheidet:

……………………………………… Rechtsgeschäfte	……………………………………… Rechtsgeschäfte
Diese kommen durch **eine Willenserklärung** zustande. Man unterscheidet:	Diese kommen durch **mindestens zwei inhaltlich übereinstimmende Willenserklärungen zustande**. Man unterscheidet:

……………………………… ……………………………… Willenserklärungen, z. B.: o Kündigung einer Mietwohnung o ……………………… ……………………… ………………………	……………………………… ……………………………… Willenserklärungen, z. B.: o ……………………… ……………………… ……………………… o ……………………… ……………………… ………………………	……………………………… ……………………………… Verträge, z. B.: o Bürgschaft o ……………………… ……………………… ………………………	……………………………… ……………………………… Verträge, z. B.: o ……………………… ……………………… ……………………… o ……………………… ……………………… ………………………

Name: ……………………………………… Klasse: ……………………… Datum: ………………

1. *Rechtsgeschäfte können grundsätzlich formfrei abgegeben werden. Formulieren Sie zwei Beispiele dafür.*

....

....

2. *Es gibt Situationen, in denen es sinnvoll ist, einen Vertrag schriftlich abzuschließen, obwohl es nicht vorgeschrieben ist. Erklären Sie, warum.*

....

....

....

3. *In bestimmten Fällen schreibt das Bürgerliche Gesetzbuch (BGB) eine besondere Form vor. Ordnen Sie die folgenden Rechtsgeschäfte den passenden Formvorschriften zu.*

§

Rechtsgeschäft
§ 568 (1) BGB Form und Inhalt der Kündigung Die Kündigung des Mietverhältnisses bedarf der schriftlichen Form.
§ 77 BGB Anmeldepflichtige und Form der Anmeldungen Die Anmeldungen zum Vereinsregister sind von den Mitgliedern des Vorstands sowie von den Liquidatoren, [...] mittels öffentlich beglaubigter Erklärung abzugeben. [...]
§ 311 b (1) BGB Verträge über Grundstücke, das Vermögen und den Nachlass Ein Vertrag, durch den sich ein Teil verpflichtet, das Eigentum an einem Grundstück zu übertragen oder zu erwerben, bedarf der notariellen Beurkundung. [...]

Formvorschrift
§ 128 BGB Notarielle Beurkundung Ist durch Gesetz notarielle Beurkundung eines Vertrags vorgeschrieben, so genügt es, wenn zunächst der Antrag und sodann die Annahme des Antrags von einem Notar beurkundet wird.
§ 126 (1) BGB Schriftform Ist durch Gesetz schriftliche Form vorgeschrieben, so muss die Urkunde von dem Aussteller eigenhändig durch Namensunterschrift [...] unterzeichnet werden.
§ 129 (1) BGB Öffentliche Beglaubigung Ist durch Gesetz für eine Erklärung öffentliche Beglaubigung vorgeschrieben, so muss die Erklärung schriftlich abgefasst und die Unterschrift des Erklärenden von einem Notar beglaubigt werden. [...]

4. *Beurteilen Sie, ob die folgenden Rechtsgeschäfte aufgrund § 125 BGB gültig sind.*

§

§ 125 BGB
Ein Rechtsgeschäft, welches der durch Gesetz vorgeschriebenen Form ermangelt, ist nichtig. [...]

- Ein Florist schließt mündlich einen Berufsausbildungsvertrag mit seiner Auszubildenden ab.

....

....

- Eine Privatperson möchte ihr Auto verkaufen und schließt mit der Person, die das Auto kauft einen schriftlichen Vertrag.

....

....

- Ein Ehepaar vereinbart schriftlich einen Ehevertrag.

....

....

Lernsituation 2: Sicherlich kommen die meisten Rechtsgeschäfte gültig zustande. Wir müssen uns aber auch damit auseinandersetzen, in welchen Fällen ein Rechtsgeschäft mangelhaft zustande gekommen ist, also damit anfechtbar oder sogar nichtig ist, also gar nie ein Rechtsgeschäft vorlag. Mithilfe der genannten Seiten im Schulbuch können Sie bei den unten aufgeführten Fällen das Zustandekommen eines Rechtsgeschäfts beurteilen.

Nicht immer sind bzw. bleiben Rechtsgeschäfte gültig. Das BGB legt die Grenzen der Vertragsfreiheit fest.

1. *Unter einem **nichtigen Rechtsgeschäft** versteht man* ....

....

2. *Unter einem **anfechtbaren Rechtsgeschäft** versteht man* ....

....

3. *Beurteilen Sie mithilfe der Paragrafen aus dem BGB, ob die folgenden Fälle anfechtbar oder nichtig sind. Kreuzen Sie an und begründen Sie.*

§ 118 Mangel der Ernstlichkeit
Eine nicht ernstlich gemeinte Willenserklärung, die in der Erwartung abgegeben wird, der Mangel der Ernstlichkeit werde nicht verkannt werden, ist nichtig.
§ 119 (1) Anfechtbarkeit wegen Irrtums
Wer bei der Abgabe einer Willenserklärung über deren Inhalt im Irrtum war [...], kann die Erklärung anfechten, wenn anzunehmen ist, dass er sie bei Kenntnis der Sachlage [...] nicht abgegeben haben würde.
§ 123 (1) Anfechtbarkeit wegen Täuschung oder Drohung
Wer zur Abgabe einer Willenserklärung durch arglistige Täuschung oder widerrechtlich durch Drohung bestimmt worden ist, kann die Erklärung anfechten.
§ 125 Nichtigkeit wegen Formmangels
Ein Rechtsgeschäft, welches der durch Gesetz vorgegebenen Form ermangelt, ist nichtig. [...]
§ 134 Gesetzliches Verbot
Ein Rechtsgeschäft, das gegen ein gesetzliches Verbot verstößt, ist nichtig, [...].

Fall	Anfechtbar	Nichtig	Begründung
			....
			....
			....
			....

Name: .... Klasse: .... Datum: ....

S. 180–182

Lernsituation 3: Nachdem Sie nun die Grundlagen von Rechtsgeschäften in Deutschland erarbeitet haben, möchten wir im nächsten Schritt auf das bekannteste Rechtsgeschäft eingehen, den Kaufvertrag. Mithilfe des Schulbuches wird es Ihnen sicherlich möglich sein, den Abschluss eines Kaufvertrages und die Rechte und Pflichten der Vertragsparteien aus diesem Vertragsabschluss nachfolgend im konkreten Beispiel durchzugehen.

Ein Kaufvertrag entsteht durch mindestens zwei übereinstimmende Willenserklärungen, den Antrag und die Annahme.

1. *Grundsätzlich gibt es zwei Möglichkeiten, wie ein Kaufvertrag zustande kommen kann. Ergänzen Sie die Schaubilder.*

Beispiel 1: Melike kauft einen Gebrauchtwagen. Sie macht die erste Willenserklärung.

1. Willenserklärung = Antrag = ...

Käuferin Melike →  ← ....

2. Willenserklärung = ...

Beispiel 2: Melike kauft einen Neuwagen. Der Verkäufer macht die erste Willenserklärung.

1. Willenserklärung = ... = ...

.... →  ← Käuferin Melike

2. Willenserklärung = ... = ...

2. *Melike braucht für ihr neues Auto Winterreifen. Überprüfen Sie in den folgenden Fällen, ob die verkaufende Person oder das verkaufende Unternehmen an ihr/sein Angebot gebunden ist.*

- Ein Fachmarkt bietet besonders günstige Winterreifen an, „solange der Vorrat reicht“. Als Melike vier Winterreifen kaufen möchte, sind keine mehr da.

  ....

  ....

- Melike lässt sich von einem Autohaus ein Angebot per E-Mail schicken, das sie nach vier Wochen schriftlich bestätigt.

  ....

  ....

- Im Internet findet sie ein Angebot einer Privatperson, das ihr zu teuer ist. Deshalb bestellt sie die Winterreifen und reduziert den Preis um 10 %.

  ....

  ....

 Name: .... Klasse: .... Datum: ....

Melike hat sich für einen Gebrauchtwagen aus einer Internetanzeige entschieden und sich mit dem Verkäufer in Verbindung gesetzt. Helfen Sie ihr beim Ausfüllen des Kaufvertrags.

FXY – Modell Cult	**Kategorie: Kleinwagen**
Preis:	3.650,00 € (Verhandlungsbasis)
Daten:	Gebrauchtfahrzeug, 74 903 km, 44 kW (60 PS), Benzin, Schaltgetriebe, Euro 4, grüne Plakette, Erstzulassung 07/2014, HU/AU: 09/2022, weiß, 2/3 Türen, Hubraum: 1299 cm³ 
Details:	Gepflegter Zustand, 4 neuwertige Winterreifen, Audiosystem, Zentralverriegelung, defekte Stoßstange nach Auffahrunfall, wurde in einer Werkstatt repariert, Rechnung liegt vor! Amtliches Kennzeichen: S-MG 95 Fahrgestellnummer: WOX 639 873
Anbieter (privat)	Tom Hofmann Parkstraße 34, 73278 Schlierbach Mobil: +49 (0)173/7654321; E-Mail: Tom.Hofmann@autoverkauf.de
Anschrift der Käuferin:	Melike Dirgen, Fuchsweg 43a, 89077 Ulm

Kaufvertrag

zwischen zwei Verbrauchern über den Kauf eines gebrauchten Fahrzeuges

Verkäufer/-in:

Vorname, Name ....

Straße ....

PLZ, Ort ....

Käufer/-in:

Vorname/Name ....

Straße ....

PLZ, Ort ....

Angaben zum Fahrzeug:

Herstellfirma: .... Modell: .... Erstzulassung: ....

Amtl. Kennzeichen: .... Fahrgestellnr.: .... km-Stand: ....

Zubehör, Sonderausstattung: ....

....

Das Auto wurde als Taxi/Miet-/Fahrschulwagen benutzt ☐ nein ☐ ja, als ....

Das Auto ist unfallfrei. ☐ ja ☐ nein, es hatte folgenden Unfallschaden: ....

....

Vereinbarter Kaufpreis: .... €, in Worten .... €

Zusicherung: Der/die Verkäufer/-in sichert zu, dass er/sie Eigentümer/-in des Fahrzeugs und dass es frei von Rechten Dritter ist.

Gewährleistungsausschluss: Der Verkauf erfolgt unter Ausschluss jeglicher Gewährleistung.

Eigentumsvorbehalt: Der/die Verkäufer/-in behält sich das Eigentum am Kaufgegenstand bis zur vollständigen Kaufpreiszahlung vor.

Übergabe: Vereinbarter Übergabezeitpunkt, sofern nicht sofort:

....

Ort, Datum Unterschrift Verkäufer/-in Unterschrift Käufer/-in

1. *Aus einem Kaufvertrag ergeben sich für beide Vertragsparteien Pflichten. Nennen und erläutern Sie Melikes Pflichten als Käuferin und Toms Pflichten als Verkäufer beim Autokauf.*

Vertragsparteien	Pflichten	Beispiel
Melike als Käuferin	o …………… o ……………	o …………… o ……………
Tom als Verkäufer	o …………… o …………… o ……………	o …………… o …………… o ……………

2. *Formulieren Sie zwei Beispiele aus Ihrem Alltag, bei denen Verpflichtungsgeschäft (Abschluss des Kaufvertrages) und Erfüllungsgeschäft (Pflichten aus dem Kaufvertrag) gleichzeitig erfolgen.*

……………………………………………………………………………………

……………………………………………………………………………………

……………………………………………………………………………………

3. *Formulieren Sie zwei Beispiele aus Ihrem Alltag, bei denen Verpflichtungs- und Erfüllungsgeschäft zeitlich auseinanderfallen.*

……………………………………………………………………………………

……………………………………………………………………………………

……………………………………………………………………………………

4. *Melike hat sich im Möbelhaus Möller in Mannheim eine Couch bestellt. Sie selbst wohnt in Ulm. Erläutern Sie die jeweiligen Verpflichtungen der Vertragsparteien bei der Erbringung der Leistung.*

Melike als Käuferin	Möbelhaus Möller als Verkäufer
……………	……………
……………	……………
……………	……………
……………	……………
……………	……………
……………	……………
……………	……………
……………	……………

 Name: …………… Klasse: …………… Datum: ……………

Nicht immer sind Dinge, die Sie besitzen, Ihr Eigentum. Es gibt auch Situationen, in denen Ihr Eigentum nicht in Ihrem Besitz ist.

1. *Ergänzen Sie die Übersicht.*

Wer hat die Sache?	**Wem gehört die Sache?**
....	....
d. h., nach § .... BGB hat er die .... über die Sache, z. B.	d. h., nach § .... BGB hat er die .... über die Sache, z. B. ....

2. *Beim Kaufvertrag wird das Eigentum von den jeweiligen Verkäuferinnen und Verkäufern auf die jeweiligen Käuferinnen und Käufer übertragen. Beschreiben Sie mithilfe des BGB, wie in den folgenden Fällen die Eigentumsübertragung stattfindet.*

§ 873 (1) Erwerb durch Einigung und Eintragung
Zur Übertragung des Eigentums an einem Grundstück, zur Belastung eines Grundstücks mit einem Recht sowie zur Übertragung oder Belastung eines solchen Rechts ist die Einigung des Berechtigten und des anderen Teils über den Eintritt der Rechtsänderung und die Eintragung der Rechtsänderung in das Grundbuch erforderlich [...].

§ 925 (1) Auflassung
Die zur Übertragung des Eigentums an einem Grundstück nach § 873 erforderliche Einigung des Veräußerers und des Erwerbers (Auflassung) muss bei gleichzeitiger Anwesenheit beider Teile vor einer zuständigen Stelle geklärt werden. Zur Entgegennahme der Auflassung ist [...] jeder Notar zuständig.

§ 929 Einigung und Übergabe
Zur Übertragung des Eigentums an einer beweglichen Sache ist erforderlich, dass der Eigentümer die Sache dem Erwerber übergibt und beide darüber einig sind, dass das Eigentum übergehen soll. Ist der Erwerber im Besitz der Sache, so genügt die Einigung über den Übergang des Eigentums.

- Tim hat über eine Kleinanzeige ein gebrauchtes Fahrrad entdeckt. Er macht einen Termin mit dem Verkäufer aus. Tim kauft das Fahrrad und nimmt es mit nach Hause.

  ....

  ....

- Lara hat sich beim Skiservice für die Wintersaison ein Paar Carver ausgeliehen. Der Skiservice informiert durch eine Mail seine Kundinnen und Kunden, dass das Geschäft im Dezember schließt. Ausgeliehene Ski können für 25 % des Neupreises gekauft werden. Sie möchte die Carver behalten.

  ....

  ....

- Erin kauft die Eigentumswohnung von Frau Breuer.

  ....

  ....

Name: .... Klasse: .... Datum: ....

Lernsituation 4: Alles ist gut gelaufen, der Kaufvertrag rechtsgültig zustande gekommen, Sie freuen sich nun auf die Erfüllung des Kaufvertrages durch die andere Vertragspartei. Doch was ist zu tun, wenn dieser seiner Pflicht nur mangelhaft nachkommt? Die dann notwendigen Schritte erarbeiten Sie bitte in den folgenden Aufgaben mithilfe der Fachinformationen auf den angegebenen Seiten im Schulbuch.

Sie haben im Internet bei www.schneeschnaeppchen.de, einem Online-Versandhandel, viele interessante Angebote für Ihren geplanten Winterurlaub entdeckt. Bei diesen Preisen schlagen Sie zu und bestellen ein Snowboard, die dazu passenden Bindungen, eine Schneebrille, 5 Paar Skisocken und eine atmungsaktive Jacke.

Als eine Woche später die Bestellung mit der Liefernummer 142156 und Kundennummer 765876 geliefert wird, können Sie es kaum glauben, was Sie da auspacken. Statt des Snowboards wurden ein Paar Ski geliefert, die Montageanleitung zu den Bindungen fehlt, die Schneebrille hat einen tiefen Kratzer, statt 5 Paar Skisocken wurden 3 geliefert und die Jacke besteht nicht aus atmungsaktivem Material.

1. *Benennen Sie die jeweils vorliegenden Sachmängel.*

Ski statt Snowboard	Montageanleitung zu den Bindungen fehlt	Schneebrille mit Kratzer	3 statt 5 Paar Skisocken	Jacke aus nicht atmungsaktivem Material
↓	↓	↓	↓	↓
....	....	....	....	....

2. *Ergänzen Sie in der Übersicht, welche Rechte Sie gegenüber dem Online-Versandhandel Schneeschnäppchen GmbH geltend machen können.*

Rechte als Käufer/-in bei mangelhafter Lieferung

Vorrangige Rechte → .... / .... → Beseitigung des Mangels / ....

↓

Wenn .... erfolglos waren (bei Verbrauchsgüterkäufen: ....), eine (gesetzte) .... abgelaufen ist oder oder der/die Verkäufer/-in ....:

↓

.... Rechte → .... / .... oder .... / ....

und eventuell: .... / .... oder .... / .... / ....

 Name: .... Klasse: .... Datum: ....

3. *Verfassen Sie eine Mängelrüge in Form eines Briefes, um Ihre Rechte in Anspruch zu nehmen.*

....
....
....

An
Schneeschnäppchen GmbH
Bergstraße 87
87561 Oberstdorf

....

Mängelrüge Liefernummer Nr. 142156, Kundennummer 765876

Sehr geehrte Damen und Herren,

....
....
....
....
....
....
....
....
....
....
....
....
....
....
....
....
....
....
....

Mit freundlichen Grüßen

....

S. 192–194

Nachdem die Firma Schneeschnäppchen GmbH auf zwei Mängelrügen nicht reagiert hat, überlegen Sie, wie Sie weiter vorgehen sollen. Sie sind verärgert, schließlich wollen Sie am kommenden Wochenende in den Winterurlaub aufbrechen. Da die Firma die vorrangigen Rechte nicht erfüllt hat, stehen Ihnen nun also die nachrangigen Rechte zu.

1. *Formulieren Sie konkret, welche Bedeutung die nachrangigen Rechte in Ihrem Fall haben.*

Recht	Rücktritt	Minderung	Schadensersatz
Bedeutung			

2. *Begründen Sie, welche nachrangigen Rechte Sie in den entsprechenden Fällen einfordern würden.*

Mangel	Gefordertes Recht	Begründung
Ski statt Snowboard		
Montageanleitung zu den Bindungen fehlt		
Schneebrille mit Kratzer		
3 statt 5 Paar Skisocken		
Jacke aus nicht atmungsaktivem Material		

Name: .... Klasse: .... Datum: ....

Beurteilen Sie die folgenden Situationen, indem Sie sich für eine Antwort entscheiden und diese ankreuzen. Begründen Sie Ihre Wahl.

Laura hat sich beim Mobiltelefongeschäft City Phone in der Innenstadt ein neues Smartphone gekauft. Nach vier Wochen ist der Akku kaputt. Welches Recht steht ihr zu?

☐ **1.** Laura kann von City Phone Schadensersatz verlangen und mit dem Geld einen neuen Akku kaufen.

☐ **2.** Laura muss City Phone die Gelegenheit zur Reparatur oder zur Ersatzlieferung geben.

☐ **3.** City Phone muss das Smartphone zurücknehmen und ihr den Kaufpreis zurückzahlen.

Begründung: ....

....

....

Ben hat eine neue Jeans gekauft, die ihm daheim nicht mehr gefällt. Er will die Jeans umtauschen. Ist das möglich?

☐ **1.** Nein, es liegt kein Mangel vor.

☐ **2.** Ja, das geht in jedem Geschäft.

☐ **3.** Ja, wenn das Einzelhandelsunternehmen kulant ist.

Begründung: ....

....

....

Clara hat sich einen neuen Föhn gekauft. Nach fünf Monaten funktionieren die Heizstufen nicht mehr. Das Einzelhandelsunternehmen, bei dem Clara den Föhn gekauft hat, behauptet, dass Clara beweisen müsse, dass sie den Mangel nicht selbst verursacht habe. Hat es recht?

☐ **1.** Ja, das muss Clara als Käuferin nachweisen können.

☐ **2.** Nein, das Einzelhandelsunternehmen als Verkäufer ist beweispflichtig.

☐ **3.** In den ersten sechs Monaten nach der Übergabe des Föhns wird davon ausgegangen, dass der Mangel von Anfang an vorhanden war.

Begründung: ....

....

....

Lena hat sich einen neuen Fernseher gekauft, auf den die Herstellfirma eine einjährige Garantie gibt. Nach 18 Monaten lässt sich das Gerät nicht mehr einschalten. Welche Aussage ist richtig?

☐ **1.** Lena hat nach 18 Monaten keine Möglichkeit mehr, das Gerät reparieren zu lassen, weil die Garantie abgelaufen ist.

☐ **2.** Die Garantie ist irrelevant. Lena stehen Gewährleistungsrechte zu.

☐ **3.** Lena hat einen Anspruch auf Verlängerung der Garantie.

Begründung: ....

....

....

....

Name: .... Klasse: .... Datum: ....

Wenn Schuldnerinnen und Schuldner Rechnungen nicht begleichen, damit also einen Mangel in der Erfüllung des Kaufvertrags durch Zahlungsverzug verursachen, werden Gläubigerinnen und Gläubiger versuchen, sie durch außergerichtliche Mahnverfahren, gerichtliche Mahnverfahren oder Klageverfahren zum Zahlen zu bewegen.

1. *Unter welchen Voraussetzungen geraten Schuldnerinnen und Schuldner in Zahlungsverzug?*

Voraussetzungen für Zahlungsverzug

....	....	....

2. *Wie läuft das außergerichtliche freiwillige Mahnverfahren ab? Ergänzen Sie die üblichen Inhalte der Mahnungen.*

Erste Mahnung	→ Zweite Mahnung	→ Dritte Mahnung
....	....	....

3. *Weshalb werden Gläubigerinnen und Gläubiger versuchen, ein gerichtliches Klageverfahren zu vermeiden?*

....

4. *Um das Klageverfahren zu vermeiden, stehen Gläubigerinnen und Gläubigern auch das gerichtliche Mahnverfahren offen. Beschreiben Sie die Vorteile dieses Verfahrens.*

....

 Name: .... Klasse: .... Datum: ....

Sind die außergerichtlichen Schritte und das gerichtliche Mahnverfahren erfolglos geblieben, bleibt Gläubigerinnen und Gläubigern die Möglichkeit des gerichtlichen Klageverfahrens.

1. *Ergänzen Sie den Ablauf des gerichtlichen Klageverfahrens.*

Das gerichtliche Klageverfahren

Schuldner/-in zahlt eine Rechnung trotz gerichtlichem Mahnverfahren nicht.

↓

Der/die Kläger/-in ....
....

↓

Das Gericht ....
....

↓

Das Gericht versucht, ...

↙ ↘

....	....

↙

Der/die Kläger/-in bzw. Gläubiger/-in ....
....

2. *Beurteilen Sie, ob folgende Vermögenswerte pfändbar sind oder nicht.*

Vermögen	Pfändbar oder unpfändbar	Begründung
Der antike Schrank einer Rentnerin	....	....
Der Elektroherd eines Singles	....	....
Die Aktien einer Bankkauffrau	....	....
Das Wohnhaus einer fünfköpfigen Familie	....	....
Der Lohn eines Maurers	....	....
Das Auto eines Vertreters	....	....

S. 199–200

Aus dem Kaufvertrag ergeben sich Pflichten für die Vertragsparteien, bei Mängeln bestehen Rechte auf Beseitigung dieser Mängel. Diese Rechte und Pflichten sind zeitlich begrenzt, d. h., sie verjähren. Der Ablauf der Zeit bis zur Verjährung kann in bestimmten Fällen gehemmt werden oder sogar komplett neu beginnen.

1. *Ergänzen Sie den Lückentext.*

Verjährung bedeutet, dass nach einer bestimmten Zeit, nämlich der ...., eine Vertragspartei ihre Pflichten .... Ein Kunde/eine Kundin muss eine Rechnung nach Ablauf der .... Verjährungsfrist nicht mehr bezahlen. Die regelmäßige Verjährungsfrist beginnt .... Sie beträgt .... Für den Kaufvertrag ist außerdem die .... von besonderer Bedeutung. Sie regelt die Verjährung von .... Diese Verjährungsfrist beginnt ....
Die Dauer bis zur Verjährung kann sich unter Umständen verlängern. Sie verschiebt sich dann um den ...., und zwar so lange, wie der .... andauert. Wichtige Hemmungsgründe sind beispielsweise .... oder die Rechtsverfolgung.
In bestimmten Fällen endet die Verjährungsfrist und beginnt dann von Neuem. Die bis dahin vergangene Zeit .... Ein Grund für einen Neubeginn der Verjährung kann die Anerkennung des Anspruchs des Schuldners/der Schuldnerin sein, z. B. durch eine ....

2. *Weshalb wurde für den Beginn der regelmäßigen Verjährungsfrist ein einheitlicher Termin gesetzlich festgelegt?*

....

....

....

....

3. *Welche Auswirkung haben die folgenden Ereignisse auf die Verjährung?*

Nachbesserung eines Mangels	···➤	....
Einreichung einer Klage	···➤	....
Antrag und Zustellung eines Mahnbescheids	···➤	....
Urteil mit Vollstreckungstitel	···➤	....

 Name: .... Klasse: .... Datum: ....

Tragen Sie die 11 Lösungswörter unten ein.

Das Lösungswort ist der Spitzname eines BGB-Paragrafen.

1. Fähigkeit von Personen, Träger von Rechten und Pflichten zu sein
2. Ein nicht empfangsbedürftiges, einseitiges Rechtsgeschäft
3. Damit ein Rechtsgeschäft zustande kommt, ist mindestens eine ... notwendig.
4. Die 8-jährige Sara ist ... geschäftsfähig.
5. Ihre Willenserklärungen sind nichtig.
6. Zustimmende Willenserklärung
7. Nichtige Rechtsgeschäfte sind von Anfang an ...
8. Notarielle Unterschriftsbestätigung
9. Rechtliche Herrschaft über eine Sache bedeutet ... .
10. Oberbegriff für vorrangige Rechte bei einer mangelhaften Lieferung
11. Der 16-jährige Lukas kauft einen Motorroller. Da die Eltern noch nicht zugestimmt haben, ist das Rechtsgeschäft ... unwirksam.

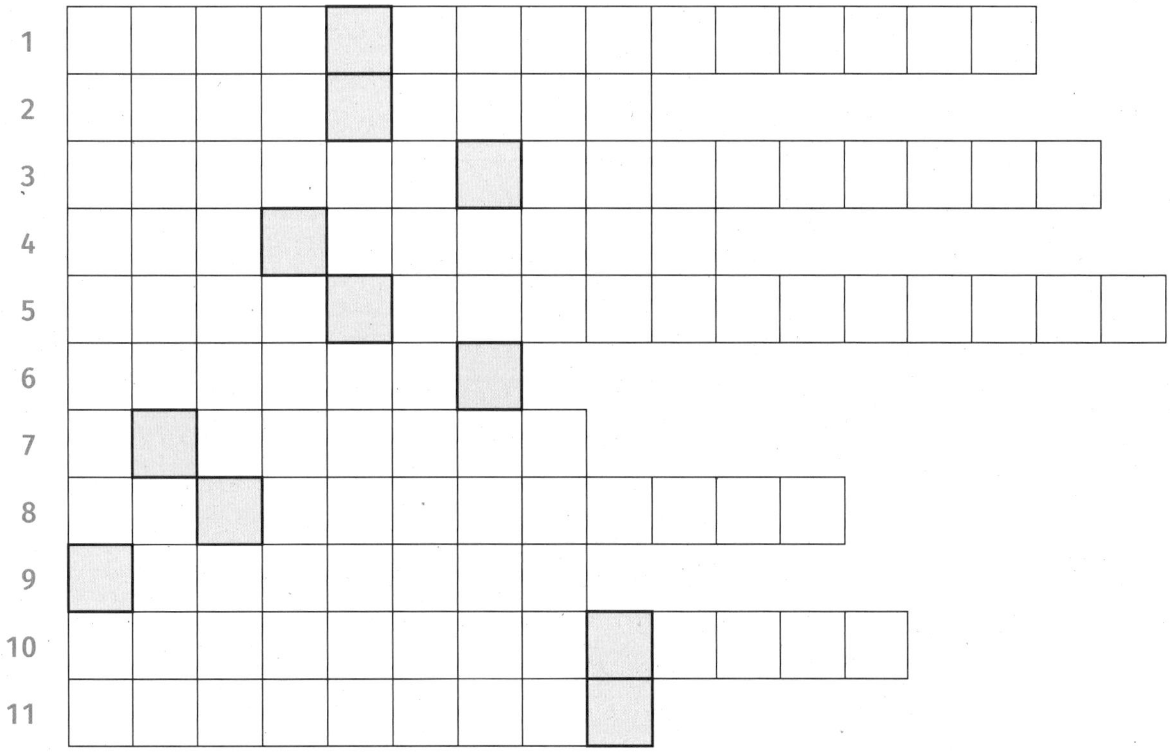

Lösungswort: .... -Paragraf

Name: .... Klasse: .... Datum: ....

Lernsituation 5: Als Konsumentinnen und Konsumenten und Verbraucherinnen und Verbraucher sollten Sie unbedingt Ihre Rechte kennen und wissen, wie Sie sich je nach Sachverhalt informieren können. Es gibt dafür verschiedene Möglichkeiten, die Sie anhand nachfolgender Aufgaben und mithilfe des Schulbuches kennenlernen und welche Ihnen den Alltag erleichtern werden.

Recherchieren Sie im Internet bei der Verbraucherzentrale Ihres Bundeslandes ein Verbraucherthema, das Sie persönlich interessiert.

1. *Für welches Thema haben Sie sich entschieden?*

....

....

2. *Welche Informationen haben Sie zu Ihrem Thema gefunden? Fassen Sie die wesentlichen Aussagen zusammen.*

....

....

....

....

....

....

....

3. *Sind die Informationen hilfreich für Sie? Begründen Sie Ihre Meinung.*

....

....

....

4. *Welche Möglichkeiten der persönlichen Beratung bietet die Verbraucherzentrale an?*

....

....

....

....

5. *Erläutern Sie, welche Möglichkeit der persönlichen Beratung Sie in Anspruch nehmen würden.*

....

....

....

....

6. *Erstellen Sie auf der Grundlage Ihrer Recherche eine Präsentation für Ihre Klasse.*

....

 Name: .... Klasse: .... Datum: ....

Tim braucht einen neuen Drucker. Da die Auswahl im Fachmarkt groß ist und er im Internet sehr unterschiedliche Bewertungen findet, beschließt er, sich bei der Stiftung Warentest zu informieren. Dort findet er folgende Testergebnisse:

Multifunktionsdrucker **4 +10/2023**

Produkt	Mittlerer Online-preis ca. (Euro)	Fax	Netzwerk: Lan/WLan	Drucken 30 %	Scannen 10 %	Kopieren 10 %	Tinten- oder Tonerkosten[1] 10 %	Handhabung 15 %	Vielseitigkeit 5 %	Umwelteigen-schaften 20 %	test-QUALITÄTSURTEIL 100 %
Farbtinten-Multifunktionsdrucker											
Canon Maxify GX4050	485	■	■/■	+	+	○	++	○	+	+	GUT (2,0)
Epson Workforce Pro WF-C5890DWF	470	■	■/■	+	○	+	+	+	+	+	GUT (2,2)
Epson Ecotank ET-2820	229	□	□/■	+	○	○	++	○	○	+	GUT (2,4)
Epson Workforce WF-2960DWF	120	■	■/■	+	○	+	⊖*)	+	+	○	BEFRIED. (2,6)
Epson Expression Home XP-4200	103	□	□/■	+	○	○	⊖*)	+	○	○	BEFRIED. (3,0)
HP Envy Inspire 7920e[2]	159	□	□/■	+	+	○	⊖*)	○	○	○	BEFRIED. (3,1)
Brother MFC-J4335DW	216	■	□/■	+	+	⊖*)	+	+	+	○	BEFRIED. (3,3)
HP Smart Tank 7605	425	■	■/■	○	+	○	++	⊖*)	+	+	BEFRIED. (3,3)
Brother MFC-J5345DW	254	■	■/■	○	+	⊖*)	○	+	++	○	BEFRIED. (3,4)
Brother MFC-J6940DW	415	■	■/■	○	+	⊖*)	○	+	++	○	BEFRIED. (3,4)
HP Deskjet 2720e[2]	72	□	□/■	○	○	⊖*)	⊖	○	⊖	○	AUSREICH. (4,0)
Canon Pixma TR4750i	85[3]	■	□/■	⊖	+	⊖*)	⊖	○	+	○	AUSREICH. (4,2)
Canon Pixma TS3550i	75	□	□/■	⊖	+	⊖*)	⊖	○	⊖	○	AUSREICH. (4,5)
Schwarzweiß-Laser-Multifunktionsdrucker											
Canon i-Sensys MF267dw II	410	■	■/■	+	+	+	+	○	+	○	GUT (2,2)
Xerox B315	495	■	■/■	○	○	○	+	+	+	○	BEFRIED. (2,6)
HP Laserjet Pro MFP 4102fdw	485	■	■/■	○	○	○	+	+	+	○	BEFRIED. (2,7)
Brother DCP-L2550DN	278	□	■/□	○*)	○	○	○	+	○	○	BEFRIED. (3,1)
Brother MFC-L2750DW	415	■	■/■	○*)	○	○	○	+	+	○	BEFRIED. (3,1)
HP Laserjet Pro MFP 3102fdw	410	■	■/■	+	○	⊖*)	+	+	+	○	BEFRIED. (3,4)
HP Laserjet Tank MFP 2604sdw	415	□	■/■	○	+	⊖*)	++	⊖	○	○	AUSREICH. (3,6)

Bewertungsschlüssel der Prüfergebnisse: ++ = Sehr gut (0,5–1,5). + = Gut (1,6–2,5). ○ = Befriedigend (2,6–3,5). ⊖ = Ausreichend (3,6–4,5). — = Mangelhaft (4,6–5,5). **Bei gleichem Qualitätsurteil Reihenfolge nach Alphabet.**
***) Führt zur Abwertung.** ■ = Ja. □ = Nein.
1) Sind für einen Drucker Patronen in mehreren Größen erhältlich, nutzen wir die jeweils kleinsten verfügbaren Patronen.
2) Für die Untersuchung aktivierten wir HP+. Das Ergebnis ohne HP+ kann abweichen. Für die Benutzung von HP+-Geräten ist ein Benutzeraccount und eine Internetverbindung erforderlich.
3) Preis laut Anbieter-Webseite. **Einkauf der Prüfmuster:** November 2022 bis April 2023.
© Stiftung Warentest.

Quelle: Stiftung Warentest, test 4 + 10/2023, www.test.de

1. *Geben Sie Tim eine begründete Empfehlung, für welches Gerät er sich entscheiden soll.*

....

....

2. *Weshalb kann Tim sich auf die Bewertung der Stiftung Warentest verlassen?*

....

....

....

....

....

3. *In welchen Bereichen würden Sie sich bei Ihren Kaufentscheidungen von den Ergebnissen der Stiftung Warentest beeinflussen lassen? Recherchieren Sie dazu das Angebot der Stiftung Warentest im Internet.*

....

....

Name: .... Klasse: .... Datum: ....

S. 212–214

Lernsituation 6: Wenn Sie im Internet oder telefonisch Waren bestellen oder z. B. eine Versicherung abschließen, haben Sie als Käuferinnen und Käufer besondere Rechte. Die damit verbundenen Regeln werden Sie sich erarbeiten und auf konkrete Fälle anwenden.

Melike möchte einer Freundin zum Geburtstag eine Blu-ray Disc schenken und bestellt diese bei einem Online-Shop. Die Blu-ray Disc wird drei Tage später geliefert und Melike überweist den Kaufpreis sofort per Onlinebanking.

1. *Begründen Sie, ob Melike in diesem Fall ein Fernabsatzgeschäft getätigt hat.*

....

....

....

2. *Welche Informationspflichten hat der Online-Shop in diesem Fall?*

....

....

....

....

....

3. *Eine Woche nachdem die Blu-ray Disc geliefert wurde, findet die Geburtstagsparty von Melikes Freundin statt. Bei der Geschenkübergabe erfährt sie, dass Ihre Freundin die Blu-ray Disc bereits hat. Beurteilen Sie, ob Melike in diesem Fall von ihrem Widerrufsrecht Gebrauch machen kann.*

....

....

....

....

4. *Wie würden Sie das Fernabsatzgeschäft widerrufen? Begründen Sie.*

....

....

....

....

5. *Finden Sie mithilfe des folgenden Paragrafen heraus, welche Folgen der Widerruf für Melike bzw. das verkaufende Einzelhandelsunternehmen hat.*

§ 357 BGB Rechtsfolgen des Widerrufs von außerhalb von Geschäftsräumen geschlossenen Verträgen und Fernabsatzverträgen [...]
(1) Die empfangenen Leistungen sind spätestens nach 14 Tagen zurückzugewähren.
(2) Der Unternehmer muss auch etwaige Zahlungen des Verbrauchers für die Lieferung zurückgewähren. [...]

- Folgen für Melike: ....
- Folgen für das verkaufende Einzelhandelsunternehmen: ....

 Name: .... Klasse: .... Datum: ....

1. *In manchen Fällen müssen Verkäuferinnen und Verkäufer den Verbraucherinnen und Verbrauchern den Kaufpreis nicht oder nicht in vollem Umfang zurückerstatten. Formulieren Sie auf der Grundlage des folgenden BGB-Paragrafen einen solchen Fall und begründen Sie.*

§ 357a (1) BGB Wertersatz als Rechtsfolge des Widerrufs von außerhalb von Geschäftsräumen geschlossenen Verträgen und Fernabsatzverträgen [...]
Der Verbraucher hat Wertersatz für einen Wertverlust der Ware zu leisten, wenn
1. der Wertverlust auf einen Umgang mit den Waren zurückzuführen ist, der zur Prüfung der Beschaffenheit, der Eigenschaften und der Funktionsweise der Waren nicht notwendig war, [...]

....

....

....

....

....

2. *Sie haben noch andere Dinge im Internet bestellt. Steht Ihnen jeweils ein Widerrufsrecht zu? Kreuzen Sie an.*

Internet-Käufe	Widerrufsrecht	Kein Widerrufsrecht
Ein T-Shirt, das zu groß ausfällt		
Eine CD, die Ihnen nach dem Hören doch nicht gefällt		
Eine Smartphone-Hülle mit Ihrem Bild darauf		
Ein Eau de Toilette, dessen Duft Sie nicht mögen		
Eine reduzierte Jeans		
Ein Zeitschriften-Abo, an dem Sie nach der zweiten Monatsausgabe kein Interesse mehr haben		

3. *Welche Vor- und Nachteile haben Internet-Käufe für Sie als Verbraucher/-in?*

Vorteile	Nachteile

Name: .... Klasse: .... Datum: ....

S. 214–216

Die Allgemeinen Geschäftsbedingungen sind vorformulierte Vertragsbedingungen, die den Käuferinnen und Käufern von den Verkäuferinnen und Verkäufern vorgegeben werden. Sie vereinfachen Vertragsabschlüsse für Verkäuferinnen und Verkäufer. Aus diesem Grund sorgt das BGB dafür, dass Verbraucherinnen und Verbraucher nicht benachteiligt werden.

Überprüfen Sie, ob die Allgemeinen Geschäftsbedingungen der Schneeschnäppchen GmbH nach BGB zulässig sind. Unterstreichen Sie unzulässige Bestandteile und begründen Sie dies.

Allgemeine Geschäftsbedingungen der Schneeschnäppchen GmbH

Gültigkeit der Allgemeinen Geschäftsbedingungen
Die nachstehenden Allgemeinen Geschäftsbedingungen sind automatisch Vertragsbestandteil bei allen Verträgen der Schneeschnäppchen GmbH.

Lieferfristen
Käuferinnen und Käufer akzeptieren Lieferfristen bis sechs Monate. Erst bei einer weiteren Lieferverzögerung sind sie berechtigt, vom Vertrag zurückzutreten.

Skiservice
Käuferinnen und Käufer von Ski oder Snowboards sind verpflichtet, das Sportgerät einmal jährlich von der Schneeschnäppchen GmbH kostenpflichtig warten zu lassen.

Preise und Zahlungsbedingungen
- Die vertraglich vereinbarten Preise sind Endpreise.
- Die Schneeschnäppchen GmbH ist berechtigt, Preiserhöhungen der Herstellfirmen direkt an die Kundinnen und Kunden weiterzugeben.
- Zahlen Käuferinnen und Käufer innerhalb der auf der Rechnung angegebenen Zahlungsfrist nicht, erhöht sich der Kaufpreis automatisch um 10%.

Gewährleistung
- Im Fall einer mangelhaften Lieferung haben Käuferinnen und Käufer ein Jahr Gewährleistungsrechte.
- Die aufgrund der Reparatur anfallenden Transportkosten sind von den Käuferinnen und Käufern zu bezahlen.

- Die AGB werden nur dann Vertragsbestandteil, wenn Käuferinnen und Käufer zuvor auf sie hingewiesen werden, sie diese zur Kenntnis nehmen können und mit ihnen einverstanden sind.
- ....
- ....
- ....
- ....
- ....
- ....

 Name: .... Klasse: .... Datum: ....

S. 204–217

Erstellen Sie zur Vorbereitung auf die kommende Klassenarbeit eine Lernzusammenfassung des Bereichs „Verbraucherschutz“ mithilfe einer Mindmap.

Name: .... Klasse: .... Datum: ....

Lernsituation 7: In unserem Alltag geht es nicht ohne Geld.

Welche Aufgaben hat Geld außer für das Bezahlen von Waren noch? Welche Formen bzw. Möglichkeiten des Bezahlens gibt es? Sie werden sich verschiedene Formen des Zahlungsverkehres erschließen und sich je nach Situation für eine geeignete Zahlungsform begründet entscheiden. Ihr Schulbuch wird Ihnen für die folgenden Aufgaben das notwendige Hintergrundwissen vermitteln.

Tagtäglich benutzen wir ganz selbstverständlich Geld. Wir vergleichen Preise und bezahlen etwas von dem Gehalt, das uns unser Arbeitgeber auf das Girokonto überwiesen hat.

Unter Geld versteht man ein allgemein anerkanntes Zahlungsmittel.

1. *Welche Funktionen erfüllt Geld? Ordnen Sie den Bildern die passenden Geldfunktionen zu.*

Funktionen des Geldes

....	....	....

2. *Formulieren Sie die passenden Fragen zu den folgenden Antworten rund um das Thema „Geldarten".*

Frage	Antwort
....	Für den bargeldlosen Zahlungsverkehr
....	Es gliedert sich in Münzgeld und Banknoten.
....	5,00 €, 10,00 €, 20,00 €, 50,00 €, 100,00 €, 200,00 € und 500,00 €
....	Bargeld ist gesetzliches Zahlungsmittel, Giralgeld nicht.
....	Die Europäische Zentralbank (EZB)
....	Eichenzweig, Brandenburger Tor und Bundesadler
....	Guthaben bzw. Kredit

Viele Geldgeschäfte laufen über das Girokonto. Ein Girokonto ist die Voraussetzung, damit Sie am bargeldlosen Zahlungsverkehr teilnehmen können.

1. *Benno ist 17 Jahre alt und möchten ein Girokonto eröffnen. Er vergleicht deshalb zwei Girokonto-Modelle einer Bank.*

○ Welches Girokonto-Modell würden Sie wählen? Nennen Sie drei Gründe dafür.

....

....

....

....

....

	giro complete	**giro young**
Geld kostenlos an unseren Geldautomaten abheben	☺	☺
Geld kostenlos bei Banken unseres Verbunds abheben	☺	☹
Kosten für Überweisung	☺	0,50 €/ Überweisung
Kontoführungsgebühren	6,00 €/ Monat	☺
Kontoauszüge am Auszugsdrucker der Filiale	☺	☺
Kontoauszüge online abrufbar	☺	0,25 €/Abruf
Geldkarte	☺	4,00 €/Jahr

○ Welche Besonderheiten gelten für Benno, wenn er ein Girokonto eröffnen möchte?

....

....

....

2. *Der Kontoauszug ist unter anderem ein Nachweis über die Geldbewegungen auf dem Girokonto. Nennen Sie die Inhalte des Kontoauszugs von 1 bis 8.*

Kontoauszug — **SB-Bank**

Kontonummer	**Inhaberin**
1216 4578 00	Laura Kurz

Vortrag vom	Auszug-Nr.	Blatt-Nr.
15.02.	18 ①	1/2

Saldovortrag **245,32 €** ②

Buchungstag	**Wertstellung**	**Erläuterungen**	**Belastungen/Gutschriften**
15.02.	15.02.	Teile-Technik GmbH, ③ Ausbildungsvergütung – Februar 20..	1.088,00 € H ④
16.02.	16.02.	Lastschrift Lebensmittel GmbH 16.02.20.. – Betrag 66,73 €	66,73 € S
...	...	...	...

⑧ IBAN DE90 2001 0017 1216 4578 00
BIC HNBKDEHHXXX

Auszug vom: 17.02.
Ihr Dispo: 2.000,00 € ⑥
⑦ Aktuell verfügbar 3.266,59 €

Neuer Saldo **1.266,59 €** ⑤

1	....	5	....
2	....	6	....
3	....	7	....
4	....	8	....

Name: .... Klasse: .... Datum: ....

S. 226–233

Um beispielsweise eine Rechnung überweisen zu können, müssen Zahlungspflichtige und Zahlungsempfangende ein Girokonto haben. Das Girokonto ist die Voraussetzung für den bargeldlosen Zahlungsverkehr.

1. *Ihr Freund Patrick Müller hat sein Auto im Autohaus Schneider reparieren lassen. Mit der Post kam die Rechnung mit folgenden Angaben.*

- Kundennummer: M 354
- Rechnungsnummer: 1865/2012
- Rechnungsbetrag: 384,98 €
- Bankverbindung Autohaus Schneider: IBAN DE15 5002 0826 5405 7010 00
- Bankverbindung von Patrick: IBAN DE55 5006 7001 2345 6787 98

Helfen Sie Patrick, den Überweisungsträger auszufüllen.

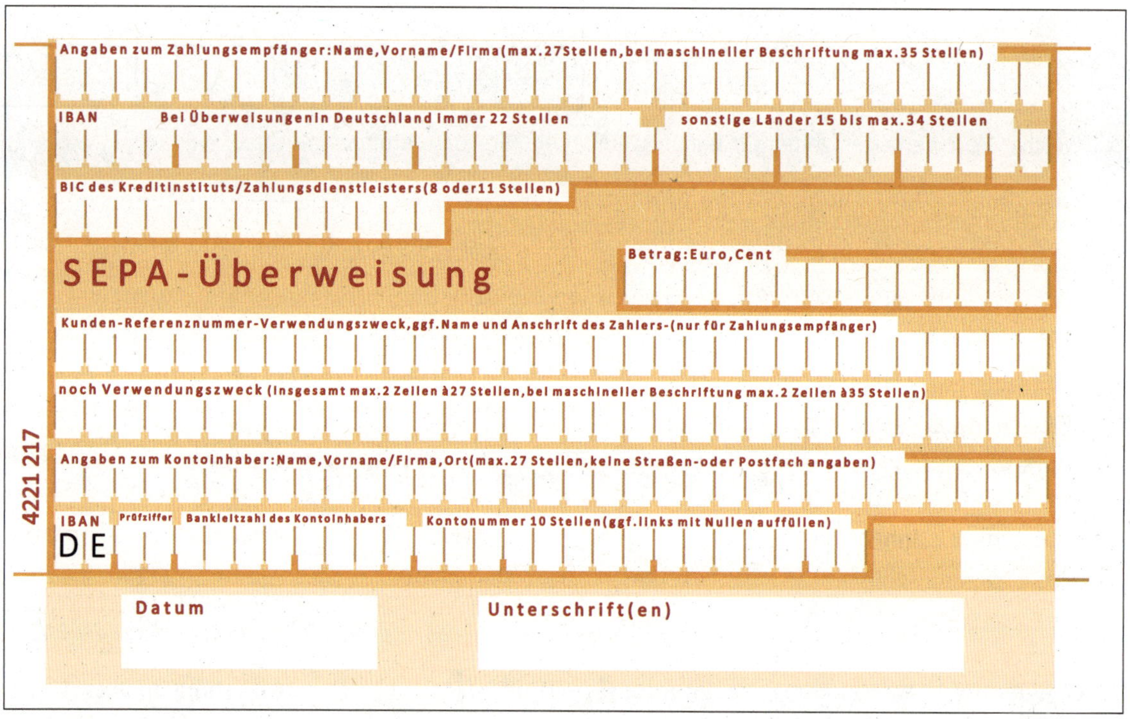
Angaben zum Zahlungsempfänger: Name, Vorname/Firma (max. 27 Stellen, bei maschineller Beschriftung max. 35 Stellen)
IBAN — Bei Überweisungen in Deutschland immer 22 Stellen — sonstige Länder 15 bis max. 34 Stellen
BIC des Kreditinstituts/Zahlungsdienstleisters (8 oder 11 Stellen)
SEPA-Überweisung
Betrag: Euro, Cent
Kunden-Referenznummer - Verwendungszweck, ggf. Name und Anschrift des Zahlers - (nur für Zahlungsempfänger)
noch Verwendungszweck (insgesamt max. 2 Zeilen à 27 Stellen, bei maschineller Beschriftung max. 2 Zeilen à 35 Stellen)
Angaben zum Kontoinhaber: Name, Vorname/Firma, Ort (max. 27 Stellen, keine Straßen- oder Postfachangaben)
IBAN — Prüfziffer — Bankleitzahl des Kontoinhabers — Kontonummer 10 Stellen (ggf. links mit Nullen auffüllen)
DE
4221 217
Datum
Unterschrift(en)

2. *Sind die folgenden Aussagen zur bargeldlosen Zahlung richtig oder falsch? Kreuzen Sie an.*

Aussage	Richtig	Falsch
Bei einer Überweisung belastet das beauftragte Geldinstitut das Konto des Schuldners und schreibt den Betrag dem Konto des Gläubigers gut.		
Eine Überweisung per Onlinebanking muss mit der elektronischen Unterschrift unterzeichnet werden.		
Dauerauftrag und Lastschriftverfahren haben den Vorteil, dass fällige Beträge pünktlich abgebucht werden.		
Ein Dauerauftrag ist sinnvoll, wenn der zu überweisende Betrag über einen längeren Zeitraum in unterschiedlicher Höhe wiederkehrt.		
Die Lastschrift ist das Gegenstück zur Überweisung, denn der Zahlungsvorgang wird vom Zahlungsempfänger eingeleitet.		

1. *Sie möchten von Ihrem Girokonto folgende Zahlungen tätigen. Welche Zahlungsmöglichkeit würden Sie jeweils wählen? Begründen Sie.*

Zahlung	Zahlungsmöglichkeit	Begründung
Rechnung für eine im Internet bestellte DVD	....	einmalige Zahlung
Rechnung des Vertragshandys ohne Flatrate	....	....
Beitrag für das Fitnessstudio	....	....
Die Kosten für ein Zeitschriften-Abo	....	....
Die Kosten für Ihren Sommerurlaub	....	....
Stromkosten	....	....
Ratenkredit für Ihr Auto	....	....
Strafzettel für Falschparken im Halteverbot	....	....

2. *Welche Möglichkeit nutzen Sie persönlich am häufigsten, wenn Sie Überweisungen tätigen? Begründen Sie.*

....

....

....

3. *Nennen Sie vier Vorteile des bargeldlosen Zahlungsverkehrs gegenüber der Barzahlung.*

- ....
  ....
- ....
  ....
- ....
  ....
- ....
  ....

Name: .... Klasse: .... Datum: ....

S. 229–230

Das Bezahlen mit einer Karte nimmt immer weiter zu. Der Einsatz von „Plastikgeld“ ist sehr praktisch, denn gerade bei größeren Beträgen muss man kein Bargeld bei sich haben.

1. *Als Inhaber/-in eines Girokontos haben Sie eine Bankkarte erhalten. Mit ihr können Sie als Kundin/Kunde viele verschiedene Leistungen Ihrer Bank in Anspruch nehmen. Ergänzen Sie.*

....	....	....
....	**Bankkarte**	....
....		....

2. *Die Nutzung der Bankkarte hat viele Vorteile. Allerdings birgt sie auch einige Gefahren. Finden Sie Vor- und Nachteile.*

Vorteile	Nachteile
....	....
....	....
....	....
....	....
....	....

S. 229–230

1. *Auch bereits geringe Geldbeträge werden inzwischen von einem Großteil der Kundinnen und Kunden mit Karte bezahlt. Man unterscheidet zwei Verfahren. Ergänzen Sie die fehlenden Inhalte der Tabelle.*

System	**girocard-System**  	**ELV** 
Abkürzung für		
Zahlung mit		
Ablauf		
Zahlungsgarantie		

2. *Welche Zahlungsmöglichkeiten mit der Bankkarte nutzen Sie? Begründen Sie.*

S. 231–233

Neben der Bankkarte gibt es noch ein weiteres Zahlungssystem: die Kreditkarte.

1. *Wodurch unterscheidet sich die Kreditkarte von der Bankkarte? Vergleichen Sie mithilfe der Tabelle.*

	Kreditkarte	**Bankkarte**
Wie viel Geld kann ich ausgeben?		
Welchen Nachweis über eigene Ausgaben bekomme ich?		
Wie wird das Geld von meinem Konto abgebucht?		

Die Vorteile des Onlinebankings sind klar: Kundinnen und Kunden können bequem zu Hause oder unterwegs auch am Abend oder am Wochenende Bankgeschäfte erledigen. Das ist einfach und zeitsparend.

2. *Welche Bankgeschäfte lassen sich per Onlinebanking erledigen?*

- ...
- ...
- ...
- ...

3. *Mit welchen Maßnahmen schützen Sie sich beim Onlinebanking?*

- ...
- ...
- ...
- ...

 Name: .... Klasse: .... Datum: ....

Im folgenden Buchstabensalat haben sich horizontal und vertikal 24 Begriffe rund um die Themen „Geld“, „Girokonto“ und „Zahlungsmöglichkeiten“ versteckt. Finden und markieren Sie die Begriffe und ordnen Sie diese den Überbegriffen zu.

F	S	R	H	E	C	Q	G	N	M	R	F	S	C	K	I	Z	H	D	F	L	O	Z	S	V	Q	Y
G	F	R	E	C	H	E	N	E	I	N	H	E	I	T	G	F	H	G	T	T	W	M	G	F	X	P
D	U	U	L	Q	M	D	F	H	V	W	K	U	H	F	D	K	L	I	D	I	B	A	N	T	Z	P
B	W	B	E	M	J	K	U	K	O	N	D	I	T	I	O	N	E	N	V	R	T	Z	U	S	A	S
D	J	J	C	F	S	G	D	J	R	W	D	J	L	J	F	S	E	T	U	S	K	N	B	D	H	J
R	I	H	T	B	X	C	U	E	B	E	R	W	E	I	S	U	N	G	H	O	D	W	V	B	L	B
G	Q	J	R	C	V	B	H	D	J	T	G	U	I	K	G	S	A	W	G	L	Z	Z	B	Q	U	Y
F	L	Y	O	C	V	G	W	J	D	G	J	G	E	W	Z	I	O	K	K	L	L	E	A	D	N	S
A	W	J	N	M	K	L	Q	R	I	G	H	J	U	D	A	U	E	R	A	U	F	T	R	A	G	U
S	R	T	I	B	W	E	G	K	S	V	D	W	K	H	L	F	Ö	J	D	N	C	B	G	I	S	G
W	Q	Q	C	E	F	H	I	K	P	L	P	J	O	L	K	H	F	D	X	D	K	V	E	J	M	E
K	M	M	C	B	E	G	R	S	O	K	K	G	E	W	H	J	K	L	Ö	H	J	F	L	H	I	Q
M	P	Ö	A	N	T	R	A	G	S	F	O	R	M	U	L	A	R	S	T	A	D	F	D	S	T	N
R	Q	S	S	F	F	G	L	G	I	G	N	F	A	L	K	J	H	G	T	B	G	E	F	D	T	F
F	Q	H	H	J	M	B	G	C	T	G	T	G	J	K	L	Ö	D	C	V	E	F	Z	U	L	E	D
G	D	Z	U	J	L	G	E	B	I	B	O	G	D	J	L	K	Ö	Ü	M	N	B	C	D	J	L	M
B	G	A	W	D	A	Z	L	B	O	H	A	I	J	B	F	R	D	S	H	G	H	U	D	U	L	K
V	E	Q	S	C	S	M	D	N	N	B	U	H	U	K	L	E	U	R	O	M	U	E	N	Z	E	N
C	B	X	C	V	T	B	N	M	S	K	S	L	J	G	F	D	D	V	B	G	F	T	Z	H	H	G
S	U	Q	S	F	S	J	K	N	K	V	Z	X	S	F	Z	I	H	J	G	F	D	J	K	F	L	H
X	E	Q	S	D	C	F	H	J	R	N	U	V	X	G	U	T	H	A	B	E	N	K	N	S	F	L
J	H	Q	A	Y	H	D	K	H	E	F	G	H	I	O	L	K	L	J	H	F	D	S	X	B	V	H
U	R	L	B	A	R	G	E	L	D	K	R	E	I	S	L	A	U	F	Q	N	R	U	J	A	F	M
O	E	Z	G	B	I	V	D	S	I	H	J	K	G	F	D	R	S	C	G	G	B	K	O	N	F	S
L	N	G	H	F	F	H	J	V	T	N	Q	F	U	H	B	T	U	J	N	H	U	G	F	K	S	Z
K	R	F	D	S	T	A	L	K	H	F	S	U	J	G	V	E	R	F	D	D	C	E	Z	K	H	Z
D	Q	H	G	F	T	H	F	D	S	A	H	M	N	U	I	K	L	O	H	S	H	D	I	A	G	G
R	D	B	G	K	O	N	T	O	F	U	E	H	R	U	N	G	S	G	E	B	U	E	H	R	E	N
D	V	S	B	T	Z	H	J	K	G	D	S	E	H	I	L	K	O	H	F	C	N	T	Z	T	F	Z
V	W	S	E	P	A	S	X	F	G	B	H	U	J	N	K	M	U	O	L	P	G	G	Z	E	G	G
U	Q	B	L	K	O	P	T	A	U	S	C	H	M	I	T	T	E	L	Q	C	V	B	G	D	B	J

Geld	Girokonto	Zahlungsmöglichkeiten
Zahlungsmittel		

Name: .... Klasse: .... Datum: ....

S. 234–236

Lernsituation 8: Wir alle haben Wünsche, die wir uns gern erfüllen möchten. Eine Möglichkeit, diesem Ziel näher zu kommen, ist es, zu sparen. Sie haben in Ihrem aktuellen Kontoauszug festgestellt, dass Ihr Konto noch ein Guthaben von fast 4.000,00 € aufweist. Sie überlegen, ob es nicht von Vorteil wäre, einen Teils dieses Geldes anzulegen. Dazu haben Sie einen Beratungstermin in Ihrer Bank verabredet und wollen sich darauf vorbereiten. Sie müssen sich u. a. überlegen, welches Ziel Sie mit Ihrer Geldanlage verfolgen. Geht es um eine größere Anschaffung in der Zukunft oder wollen Sie einfach nur sichergehen, dass Ihr Geld nicht weniger wird? Sie vergleichen verschiedene Sparformen anhand verschiedener Kriterien. Ihr Schulbuch wird Ihnen dabei helfen.

1. *Überlegen Sie sich, welche drei Wünsche Sie sich durch Sparen erfüllen möchten. Um welches Sparmotiv handelt es sich jeweils und welchen zeitlichen Rahmen planen Sie ein?*

Wunsch	....	....	....
Sparmotiv	....	....	....
Zeitlicher Rahmen	....	....	....

2. *Die Wahl der passenden Sparform hängt von den Faktoren „Sicherheit", „Liquidität", „Rentabilität" ab. Erläutern Sie.*

- **Sicherheit:** ....
- **Liquidität:** ....
- **Rentabilität:** ....

3. *Wählen Sie für Ihre oben genannten Wünsche jeweils eine passende Geldanlage aus und beurteilen Sie, in welchem Bereich des magischen Dreiecks diese anzuordnen ist. Markieren Sie die entsprechende Stelle mit einem Kreuz und begründen Sie.*

Wunsch	....	....	....
Geldanlage	....	....	....
Position im magischen Dreieck	Sicherheit / Liquidität / Rentabilität	Sicherheit / Liquidität / Rentabilität	Sicherheit / Liquidität / Rentabilität
Begründung	....	....	....

 Name: .... Klasse: .... Datum: ....

Es gibt eine Vielzahl von Sparprodukten. Welches für Sie das beste Produkt ist, kann nicht pauschal beantwortet werden. Wenn Sie sparen, sollten Sie sich vorab überlegen, ob Ihnen die Sicherheit, die Liquidität oder die Rentabilität wichtig ist. Auch das Sparmotiv ist bei der Wahl der Geldanlage entscheidend.

Ergänzen Sie die Tabelle.

Anlageformen				
	Sparbuch	**Versicherung**	**Termingeld**	**Aktienfonds**
Sparsumme	....	....	....	....
Sicherheit	....	....	....	....
Liquidität	....	....	....	....
Rentabilität	....	....	....	....
Sparmotive	....	....	....	....
Zeitplanung	....	....	....	....

Name: .... Klasse: .... Datum: ....

Lernsituation 9: Sollten Sie nicht einer der an Geld reichen Menschen sein, kann es sein, dass Sie sich Wünsche wie ein schickes Auto, eine neue Küche oder gar den Hausbau finanzieren müssen. Sie brauchen dazu einen Kredit. Ermitteln Sie, was Sie dabei beachten sollten und welche Formen es gibt. Sie werden am Beispiel ermitteln, ob die betreffende Person sich einen Kredit leisten kann oder nicht. Das Lehrbuch gibt Ihnen die dazu notwendigen Informationen. Vergessen Sie aber im konkreten, realen Fall nicht das „Kleingedruckte" in Kreditverträgen zu lesen ...

Mit einem Kredit hat man heute Geld, das man erst noch verdienen muss. Dieses Geld fehlt zum späteren Zeitpunkt, weil der Kredit inklusive Zinsen zurückgezahlt werden muss. Manchmal kann man mit bestimmten Anschaffungen aber nicht warten, bis das Geld gespart ist. Dann ist die Aufnahme eines Kredits unvermeidbar.

1. *Welche Voraussetzungen muss man erfüllen, wenn man bei einer Bank einen Kredit aufnehmen möchte?*

Voraussetzungen für eine Kreditaufnahme

....	....	....	....
....	....	....	....
....	....	....	....

2. *Zwei der häufigsten abgeschlossenen Kreditvertragsarten sind der Dispositions- und der Ratenkredit. Vergleichen Sie.*

	Dispositionskredit	Ratenkredit
Kreditaufnahme	....	....
Rückzahlung	....	....
Kreditkosten	....	....
Anwendung/ Eignung	....	....

3. *Seriöse Kreditinstitute überprüfen die Kreditwürdigkeit möglicher Kreditnehmerinnen und -nehmer. Darüber hinaus kann die Bank Sicherheiten verlangen. Erläutern Sie die folgenden Kreditsicherungsmöglichkeiten.*

- Sicherheitsübereignung: ....
....
....
- Bürgschaft: ....
....
....

1. *Ihre Freundin Alisa möchte sich ein neues Auto kaufen und dafür einen Kredit aufnehmen. Ihr Bankberater hat bei einer Laufzeit von 36 Monaten eine Rate von 296,00 € berechnet. Sie verdient als ausgelernte Bauzeichnerin 1.400,00 € monatlich. Für Miete, Lebenshaltungskosten und alle weiteren Kosten zahlt sie rund 900,00 € im Monat.*

Kann sich Alisa den Kredit leisten? Was raten Sie ihr?

....

....

....

....

....

....

....

2. *Alisa überlegt sich, ob sie den Kreditvertrag abschließen soll. Ihre Bank verlangt einen effektiven Jahreszins von 4,89 %.*

o Erklären Sie Alisa, was man unter dem effektiven Jahreszins versteht.

....

....

....

....

....

o Recherchieren Sie für Alisa alternative Kreditangebote im Internet.

....

....

....

....

....

3. *Sie unterhalten sich mit Alisa über Kredite. Sind ihre Aussagen zum Thema richtig oder falsch?*

Alisas Aussagen	**richtig**	**falsch**
Statt einen großen Ratenkredit abzuschließen, ist es besser, einen Teil der Summe mit dem Dispositionskredit zu finanzieren.		
Bei Ratenkäufen mit einer Null-Prozent-Finanzierung bin ich vorsichtig. Sie können zur Überschuldung führen.		
Für meinen Kreditvertrag gilt ein 14-tägiges Widerrufsrecht.		
Lieber einen Kredit aufnehmen, als auf ein Schnäppchen zu verzichten.		

Name: .... Klasse: .... Datum: ....

Lernsituation 10: Was sind die Schuldensorgen vor allem Ihrer Altersgruppe? Wo liegen die Ursachen für diese Schulden? Und was können Sie tun, um einen Ausweg aus der Ver- und Überschuldung zu finden? Denn auch aus einer Situation wie der sogenannten „Schuldenfalle" gibt es einen Ausweg und Möglichkeiten, Hilfe zu finden. Ihr Schulbuch bietet Ihnen die dazu notwendigen Informationen.

Ungefähr 10 % der 18- bis 24-Jährigen plagen Schuldensorgen. Wieso rutschen so viele junge Erwachsene in die Schuldenfalle?

1. *Beschreiben Sie nebenstehende Grafik.*

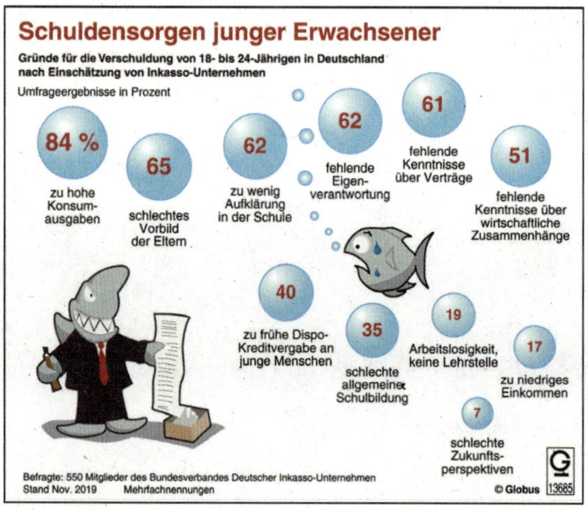

2. *Was tun Sie, um nicht in die Schuldenfalle zu geraten? Beschreiben Sie, wie Sie persönlich Ihre Ausgaben im Überblick behalten.*

3. *Wann würden Sie eine Schuldnerberatung in Anspruch nehmen? Begründen Sie.*

Um nicht in die Überschuldung zu geraten, ist es wichtig, einen Überblick über die eigenen Einnahmen und Ausgaben zu haben.

1. *Erstellen Sie für Ihre momentane Situation einen Haushaltsplan.* ....

Haushaltsplan					
Name:		**Stand:**			
Einnahmen		**Ausgaben**			
Lohn/Gehalt		**Wohnung**		**Versicherung**	
Rente		Miete (kalt)		Haftpflicht	
Krankengeld		Nebenkosten		Hausrat	
Unterhalt		Heizkosten		Unfall	
Unterhaltsvorschuss		Stromkosten		Risiko-Leben	
Kindergeld		Garage/Stellplatz		Krankenversicherung	
Erziehungsgeld		*Summe Wohnung*		Rechtschutz	
Arbeitslosengeld I		**Verkehr**		Sonstiges	
Arbeitslosengeld II		Steuer/Versicherung		*Summe Versicherung*	
Sozialgeld		Benzin		**Sonstiges**	
Grundsicherung		Wartung/Pflege		Rauchen	
Sonstige Einnahmen		Kredit-, Leasing-Rate		Beiträge (Verein)	
		ADAC o.Ä.		Haustiere	
		Öffentliche Verkehrsmittel		Unterhaltszahlungen	
		Summe Verkehr		Taschengeld	
		Kommunikation		Kindergarten/Tagesmutter	
		Telefon		Nachzahlung/Reparaturen	
		Handy		Sonstiges	
		Internet		Sonstiges	
		GEZ		*Summe Sonstiges*	
		Kabel		**Schulden**	
		Pay-TV		Girokonto, inkl. Überziehung	
		Summe Kommunikation		Ratenzahlung	
		Lebenshaltung		Ratenzahlung	
		Ernährung		Ratenzahlung	
		Bekleidung		Ratenzahlung	
		Körperpflege		Ratenzahlung	
		Sonstiges		Ratenzahlung	
		Summe Lebenshaltung		*Summe Schulden*	
		Zwischensumme		+	
Gesamt		**Gesamt**			

2. *Beurteilen Sie Ihre aktuelle finanzielle Situation.*

....

....

....

Name: .... Klasse: .... Datum: ....

S. 251

Wenn einem die Geldsorgen über den Kopf wachsen, kann man sich Hilfe bei verschiedenen Schuldnerberatungsstellen suchen.

1. *Wann sollte man eine Schuldnerberatungsstelle aufsuchen?*

....

....

....

....

....

....

....

2. *Recherchieren Sie im Internet, welche Möglichkeiten der Schuldnerberatung es in Ihrer Nähe gibt.*

....

....

....

....

....

3. *Es gibt sowohl gewerbliche Schuldnerberatung als auch gemeinnützige Stellen. Nennen Sie drei gemeinnützige Beratungsmöglichkeiten.*

- ....
- ....
- ....

4. *Welche Arbeitsschritte sind bei einer Schuldnerberatung üblich?*

- ....
- ....
- ....
- ....
- ....

5. *Welche weiteren Beratungsangebote gibt es?*

....

....

....

....

S. 252–253

Schafft man es trotz der Schuldnerberatung nicht, aus eigener Kraft die Überschuldung zu bewältigen, kann eine Verbraucherinsolvenz die letzte Möglichkeit sein.

1. *Für wen eignet sich das Verbraucherinsolvenzverfahren?*

....

....

....

....

....

2. *Ist die Verbraucherinsolvenz die letzte Möglichkeit, sich von der Schuldenlast zu befreien, müssen bestimmte Schritte eingehalten werden. Ergänzen Sie.*

1. ....
....
....
....
....
....
2. ....
....
....
....
....
....
3. ....
....
....
....
....
....
4. ....
....
....
....
....
....

Prüfungsvorbereitung

Sie möchten bei Ihren Eltern ausziehen und benötigen deshalb eine Waschmaschine. Bei Ihrer Suche finden Sie folgenden Test der Stiftung Warentest:

Waschmaschinen **11/2023**

Produkt	Mittlerer Onlinepreis ca. (Euro)	Betriebskosten für 10 Jahre ca. (Euro)[1]	Waschen 40 %	Dauerprüfung 20 %	Handhabung 15 %	Umwelteigenschaften 15 %	Schutz vor Wasserschäden 10 %	test-QUALITÄTSURTEIL 100 %
AEG L6FBG51470	695	1245	+	++	+	+	+	GUT (1,8)
Bosch WAN282H3[2]	510	1365	+	++	+	+	++	GUT (1,8)
Siemens WM14N2G3	550	1365	+	++	+	+	++	GUT (1,8)
Samsung WW71TA049AE	510	990	+	++	+	+	++	GUT (1,9)
LG F4WV107P3C	685[3]	1180	+	++	+	○	○	GUT (2,2)
Miele WCA 030 WPS	760	1100	+	○[4]	+	+	++	GUT (2,3)
Bauknecht AW 7A3 B	450	1340	+	+	○	○	⊖*)[5]	BEFRIEDIGEND (2,9)
Bauknecht BW 719 B[6]	430	1340	+	+	○	○	⊖*)[5]	BEFRIEDIGEND (2,9)
Beko WML71465S	440	1135	+	⊖*)[7]	+	○	++	BEFRIEDIGEND (2,9)
Sharp ES-NFA714BWB-DE	405	955	○	○[8]	○	○	⊖*)[5]	BEFRIEDIGEND (3,5)

Bewertungsschlüssel der Prüfergebnisse: ++ = Sehr gut (0,5–1,5). + = Gut (1,6–2,5). ○ = Befriedigend (2,6–3,5). ⊖ = Ausreichend (3,6–4,5). — = Mangelhaft (4,6–5,5). **Bei gleichem Qualitätsurteil Reihenfolge nach Alphabet.**
***) Führt zur Abwertung.**
1) Grundlage der Berechnung pro Jahr: 200 kg Wäsche im Programm 60 °C Bunt halbe Beladung, 150 kg im Eco 40-60 Labelprogramm halbe Beladung, 250 kg bei 40 °C Bunt volle Beladung, 200 kg bei 40 °C Bunt halbe Beladung, 100 kg bei 40 °C Bunt halbe Beladung Kurzprogramm, 100 kg bei 30 °C Pflegeleicht; Strompreis 0,40 Euro/kWh; Wasserpreis inklusive Abwassergebühren 3,85 Euro/m³.
2) Laut Anbieter gleich zur Siemens WM14N2G3. Wir haben die Gleichheit auf Plausibilität überprüft.
3) Von uns bezahlter Einkaufspreis. **4)** In allen Prüfmustern fiel der Heizstab aus.
5) Fehlender Schwimmerschalter, dadurch ist kein Schutz gegen Undichtigkeit in der Maschine gegeben.
6) Laut Anbieter gleich zur Bauknecht AW 7A3 B. Wir haben die Gleichheit auf Plausibilität überprüft.
7) In zwei Prüfmustern fiel der Heizstab aus; ein weiteres Prüfmuster konnte wegen einer wiederholten Fehlermeldung nicht weiterbetrieben werden.
8) In einem Prüfmuster lösten sich die Wäschemitnehmer in der Trommel, in einem anderen kam es zu einem Kurzschluss.
Einkauf der Prüfmuster: November und Dezember 2022.
© Stiftung Warentest.

Quelle: Stiftung Warentest, test 11/2023, www.test.de

1. Für welches Gerät würden Sie sich entscheiden? Begründen Sie.

2. Erläutern Sie, welche Kriterien dabei für Sie ausschlaggebend waren.

3. Sie bestellen die Waschmaschine in einem Online-Shop. Welche Besonderheiten gelten bei diesem Kauf?

4. Nach fast einem Jahr stellen Sie fest, dass die Waschmaschine im Betrieb Wasser verliert. Weshalb sollten Sie diesen Mangel möglichst schnell rügen?

5. Welche Rechte stehen Ihnen als Verbraucher/-in zunächst zu?

6. Sie erfahren vom Einzelhandelsunternehmen, dass das Modell nicht mehr lieferbar ist. Begründen Sie, welches Recht Sie nun in Anspruch nehmen würden.

 Name: .... Klasse: .... Datum: ....

Prüfungsvorbereitung

1. ....

2. ....

3. ....

4. ....

5. ....

6. ....

Name: .... Klasse: .... Datum: ....

S. 226–238

Prüfungsvorbereitung

Sie möchten ein neues Girokonto eröffnen.

1. Welche Voraussetzungen müssen Sie erfüllen, um ein Girokonto eröffnen zu können?

2. Sie vergleichen die Girokontoprodukte der Alpha- und Beta-Bank. Für welches Girokonto würden Sie sich entscheiden? Begründen Sie.

Produkt	„Giro direkt" der Alpha-Bank	„Giro easy" der Beta-Bank
Dispo-Zins	9,88 %	7,22 %
Kreditkarte	19,00 €/Jahr	kostenlos
Filialen	viele Filialen	kein Filialnetz
Kontoführungsgebühren	1,90 €/Monat	keine Kontoführungsgebühren
Bargeld abheben	kostenlos	1 % des Betrags

3. Erläutern Sie, welche bargeldlose Zahlungsmöglichkeit Sie in den folgenden Fällen wählen.

a) Die Entsorgungsbetriebe Ihrer Stadt verlangen eine monatliche Pauschale, die zweimal jährlich abgebucht wird.

b) Sie möchten für die Opfer einer Erdbebenkatastrophe spenden.

c) Sie zahlen monatlich den Beitrag für Ihr Fitnessstudio.

4. Beschreiben Sie, was man unter einem „Dispo" versteht.

5. Erläutern Sie die Vorteile und Risiken der Nutzung des „Dispositionskredits".

6. Sie haben 2.500,00 € angespart. Mit diesem Geld möchten Sie in zwei Jahren eine Reise machen.

a) Welche Anlageform würden Sie wählen?

b) Beurteilen Sie Ihre Wahl mit dem magischen Dreieck einer Geldanlage.

 Name: .... Klasse: .... Datum: ....

Prüfungsvorbereitung

1. ....

2. ....

3. *a)* ....
b) ....
c) ....

4. ....

5. ....

6. *a)* ....
b) ....

Name: .... Klasse: .... Datum: ....

Prüfungsvorbereitung

Sie gehen am Samstag mit Ihren Freundinnen Tara (18 Jahre) und Jule (17 Jahre) in verschiedenen Geschäften einkaufen.

1. Tara zahlt alles mit ihrer Girokarte. Als Sie anschließend in einem Café sitzen, ist sie darüber verwundert, dass sie in manchen Geschäften mit ihrer Unterschrift bezahlt hat und sie in anderen Geschäften ihre PIN eingeben musste.

Erklären Sie ihr den Unterschied.

2. Bei der Begutachtung Ihrer Einkäufe merken Sie, dass die Verkäuferin im Schuhgeschäft die Sneakers in einer falschen Größe eingepackt hat.

Wie beurteilen Sie Ihre rechtliche Situation?

3. In einem Sportgeschäft haben Sie sich ein Fitnessarmband gekauft. Der Verkäufer hat Ihnen eine Garantiekarte über zwei Jahre dafür ausgestellt. Jule meint, dass Sie großes Glück haben, da Sie sonst keine Ansprüche auf eine Reparatur hätten, falls mal etwas kaputt sein sollte.

Hat Jule recht? Begründen Sie.

4. Jule hat von ihrer Mutter 100,00 € bekommen, um sich neue Turnschuhe zu kaufen. In einem Geschäft entdeckt sie eine reduzierte Lederjacke und greift zu. Die Verkäuferin weist Jule extra darauf hin, dass reduzierte Ware vom Umtausch ausgeschlossen ist. Im Café ist sie über ihre Entscheidung nicht mehr glücklich, weil sie davon ausgeht, mit ihrer Mutter Ärger zu bekommen.

Welchen rechtlichen Ratschlag können Sie ihr geben?

5. Tara erzählt stolz, dass sie sich ein eigenes Auto kaufen möchte. Sie hat sich beim Autohaus einen Kleinwagen angesehen. Herr Maier, der Verkäufer, hat ihr das Auto für 6.000,00 € angeboten und dazu noch einen Satz Winterreifen versprochen. Sie hat spontan „Ja" gesagt. Jetzt stellt sie sich aber die Frage, ob sie damit schon einen Kaufvertrag abgeschlossen hat, schließlich hat sie nichts „Schriftliches".

Wie beurteilen Sie diese Situation?

6. Tara muss sich die Hälfte der Kaufsumme für das Auto bei einer Bank finanzieren.

Geben Sie Tara drei Tipps, worauf sie dabei achten sollte.

Prüfungsvorbereitung

1. ......

2. ......

3. ......

4. ......

5. ......

6. ......

Name: ...... Klasse: ...... Datum: ......